LETTRE

SUR LES

PROCHAINES ÉLECTIONS

PAR

Mgr L'ÉVÊQUE D'ORLÉANS

DU DEVOIR DES HONNÊTES GENS

DANS LES ÉLECTIONS

PARIS

CHARLES DOUNIOL, LIBRAIRE-ÉDITEUR

29, RUE DE TOURNON

1871

LETTRE

SUR LES

PROCHAINES ÉLECTIONS

———

MON CHER AMI,

Oui, vous avez raison, ce qui nous arrive est sans exemple dans notre histoire, et, je l'ajouterai, dans l'histoire d'aucun peuple. Comme vous le dites, dans une telle série de calamités, il est impossible de ne pas sentir la main de Dieu : aussi je vois les plus irréfléchis chercher avec anxiété quels ont pu être ici les desseins de la Providence.

Mais, je le pense comme vous, au milieu de tant de désastres, une chose du moins est sauvée, c'est l'honneur : l'honneur des armes, l'honneur de Paris, l'honneur de la France. Nos ennemis eux-mêmes ont dû rendre hommage au courage de nos soldats ; Paris, dans sa résistance inattendue, s'est montré héroïque ; et, malgré l'incohérenee politique qui, trop souvent, hélas ! a déconcerté les meilleures combinaisons, l'attitude de la France, dans cette lutte si ardemment prolongée, et sur tant de points à la fois, par des armées inespérées, nous a ramené, comme me l'écrivait de l'Allemagne même une noble femme, le respect du monde.

Mais enfin, il est vrai de le dire, les revers militaires et la rigueur du vainqueur en ce moment nous placent dans une situation qui ne s'est jamais vue. Il s'agit de faire la paix, et voici qu'il va devenir, par suite des complications où nous sommes, presque aussi difficile de faire la paix qu'il l'a été après Sedan de faire la guerre.

Avant tout, il faut élire une Assemblée. Nous sommes convoqués, Paris le 5, toute la France le 8 de ce mois-ci. De l'émotion des batailles nous devons passer tout à coup aux préoccupations non moins graves de la lutte électorale. Et, dans l'état où se trouve le tiers de la France, occupé par l'étranger, on nous donne huit jours pour préparer de telles élections !

C'est là, mon cher Ami, ce qui vous effraie, et avec raison. D'un vote si précipité, me dites-vous, que peut-il sortir ? Comment, dans le trouble où est le pays, lui donne-t-on si peu de temps pour se reconnaître ? Les passions mauvaises n'ont-elles pas trop beau jeu pour s'emparer de la future assemblée par une sorte de coup de main electoral, peut-être déjà préparé ? N'y a-t-il pas à craindre ici une nouvelle surprise de la France ? Pourquoi ne pas attendre jusqu'au Dimanche, et donner au moins les douze jours que M. Thiers, dans son *Memorandum*, a déclarés nécessaires ? Avec le 8, où trouvera-t-on le temps indispensable pour choisir des candidats, envoyer des bulletins, se mettre en communication avec les électeurs, et faire parvenir au moins la nouvelle des élections jusqu'au fond des campagnes ? Pris au dépourvu, dites-vous, on ne peut rien ; on ne votera même pas !

Ainsi donc, mon Ami, vous voilà effrayé et découragé. Effrayé, soit ; mais découragé, non : nos devoirs en ce moment sont trop manifestes et trop sérieux. Jamais la patrie en péril n'a demandé aux bons citoyens plus de virilité et d'intelligence politique. C'est vous dire assez que je ne puis partager, au même degré que vous, les craintes que vous me manifestez sur le découragement possible des honnêtes gens, dans la tristesse abattue où les plongent nos revers : je ne puis croire que devant les raisons suprêmes qui nous pressent de tout faire pour donner à la France une Assemblée qui soit à la hauteur de nos périls, il y ait lieu réellement de redouter et de gourmander l'indifférence et l'inertie des gens de bien.

En d'autres temps, je le sais, cette malheureuse apathie politique dont on a trop souvent, en notre pays comme ailleurs, donné l'exemple, nous a été bien fatale. J'estime que ç'a été là, dans les quarante dernières années, un de nos plus grands malheurs ; mais aujourd'hui, dans la terrible situation où nous sommes, je n'hésite pas à dire que ce serait la calamité des calamités. La France alors perdrait sa dernière espérance.

Qu'on soit navré jusqu'au fond de l'âme, je le comprends ; mais je ne comprends pas qu'on désespère et qu'on défaille. Il faudrait puiser, au contraire, dans le sentiment même de nos revers et de nos périls, le courage de tout faire pour sortir de l'abîme. Le contraire serait la plus indigne défaillance, ou plutôt ce serait toutes les défaillances à la fois!

Défaillance de la conscience d'abord! oui; s'imaginer que la conscience n'a rien à voir ici ce serait l'erreur la plus étrange. Ça été là longtemps l'illusion des honnêtes gens. En se renfermant dans un système d'inaction, ils s'imaginaient ne sacrifier qu'un droit, en réalité ils sacrifiaient leur conscience et un devoir.

Le droit, il est certain; la loi le donne; et c'est assurément le plus grand que puisse exercer un homme libre. Mais aujourd'hui, dans le péril suprême de la France et de la Société, quand il s'agit d'une Assemblée qui va tenir entre ses mains les destinées du pays, l'exercice d'un tel droit n'est que l'accomplissement le plus strict du devoir. Si jamais on dut quelque concours, quelque service à sa patrie, c'est maintenant. Si, dans une crise tellement décisive, il était permis d'abandonner son pays, de s'enfermer dans une inaction solitaire et égoïste, la patrie ne serait qu'un vain mot, et le patriotisme une chimère.

Il y a donc ici, pour tous, obligation rigoureuse d'agir, chacun dans la mesure de ses forces, et cette obligation est telle que nul ne peut la décliner; le P. Lacordaire l'a dit avec une raison évidente : « Parfois on peut sacrifier ses droits, mais on ne peut jamais sacrifier ses devoirs. »

Défaillance aussi de l'intelligence! si on ne voit pas les besoins et les périls de la France, ou si, les voyant, on méconnaît ce qu'elle vaut encore et ce qu'elle peut, et si on désespère de son avenir.

Défaillance du cœur enfin! si en présence de la patrie en détresse, et qu'il faut secourir et relever, on ne sent pas que, pour une telle œuvre et dans un tel moment, nul ne peut refuser son concours.

Des revers inattendus, tombés sur nous comme la foudre, et dépassant nos plus fameux désastres; notre vieille fortune militaire nous trahissant tout à coup; une succession de capitulations sans exemple; après les héroïques batailles de Reischoffen et de Gravelotte, Sedan; après Sedan, Metz; après Metz, Paris; et en même temps l'étranger couvrant de ses innombrables soldats un tiers de la France! A côté d'une telle situation militaire, un état politique et social non moins inquiétant; le gouvernement, improvisé dans la tourmente, non reconnu par le vainqueur; une paix à conclure, et quelle paix ! le pays à reconstituer; et cela en face de tout ce qui fermente dans la capitale et dans la France entière : voilà où nous en sommes!

Et l'Assemblée qu'il s'agit d'élire en de tels moments et pour de telles œuvres, vous craignez que les honnêtes gens l'abandonnent aux chances du hasard, et aux violences des insensés? Non, mon cher Ami, cela n'est pas possible.

Ce que cette Assemblée aura à faire en France, ne voyez-vous pas que c'est tout? N'entendez-vous pas le cri qui s'échappe de toutes les âmes : « Il faut sauver la France! » Oui, mais pour sauver la France, savez-vous ce qu'il faut? Il faut la refaire.

O mon ami, notre état politique est triste, oui; mais notre état moral et religieux!... Dieu me garde, quand toutes les plaies de ma patrie sont encore saignantes, d'y porter une main dure! Ne nous raidissons pas toutefois contre l'évidence; de tels désastres ne sont pas sans cause, et les causes immédiates ne sont pas celles que nous devions seulement regarder; il faut aller jusques aux causes premières et profondes. Non, ne refusons pas d'avouer ce qu'il est impossible de ne pas voir.

Regardez où en était cette pauvre France, quand on l'a jetée si imprudemment dans la guerre. Depuis vingt ans, quel abaissement des âmes, des caractères, des mœurs! Et tout à coup quelle impuissance des institutions et des forces sociales! Au milieu d'une nation pleine de vie, quelle décadence de Bas-Empire!

Qui aurait jamais cru qu'une nation, que nous tous, et moi-même, avions si souvent proclamée la première nation du monde, fût sitôt jetée à terre? Qui n'a été stupéfait de ce désarroi immense après nos premiers revers, et de toute cette machine gouvernementale comme brisée et sans ressorts? De quelles funestes illusions on avait aimé à se bercer! quelles déceptions cruelles nous préparaient la flatterie et l'hypocrisie, ne reculons pas devant les mots vrais! Car comme l'écrivait le général Trochu, citant Tacite : *Pessimum inimicorum genus, laudantes!* Qui n'a vu éclater, dès le début de cette funeste campagne, les imperfections, révélées déjà par nos meilleurs généraux, qui minaient notre armée, et ont rendu impuissant son plus grand courage sur les champs de bataille? Et que de gens, à l'heure qu'il est, ne voient pas encore à quel degré le péril social s'est accru par les doctrines d'impiété et d'immoralité qui nous désolent! La presse, il faut bien qu'elle l'entende, a trop trahi tous ses devoirs. N'est ce pas à elle que revient en grande partie la démoralisation de l'esprit public? Qu'a-t-elle fait de la religion et des mœurs? Qu'a-t-elle fait de ce grand esprit français qu'elle a nourri de tant de fadaises et de licence! Qu'a-t-elle fait de l'autorité et du respect, même dans l'armée? Un officier supérieur français me disait : « Si l'indiscipline a trop entamé notre armée, la faute en est à cette presse frivole et licencieuse qui envahit tout. Dans la plupart des actes d'insubordination, nous retrouvons sur les lèvres du soldat les phrases mêmes de l'article frondeur qu'il a lu la veille. » — « Qu'avez-vous appris au régiment? demandait-on en 1820, à un sergent de la vieille garde? » — « J'y ai appris le respect. » Certes, tous ne pourraient pas le dire aujourd'hui. La vérité est que le respect de l'autorité a péri chez nous, avec tant d'autres grandes et saintes choses, sans que nous ayons acquis pour cela plus de véritable indépendance de caractère, plus d'horreur du servilisme, et plus de véritable aptitude à la vie libre.

Ah! quel examen de conscience nous avons tous à faire! Serions-nous donc un peuple irrémédiablement léger, endormi dans sa frivolité et son insouciance, et que les coups de foudre même ne parviennent pas à réveiller! Quelles vérités il y aura à dire à la France, quand le temps sera venu!

Le poète romain s'écriait autrefois :

Altis urbibus
Ultimæ stetêre causæ,
Cur funditùs perirent!

Nous aussi, si nous voulons être instruits par nos malheurs reconnaissons-le, nous avons laissé dans tout le corps social s'envenimer des plaies profondes, et tout est pour ainsi dire à guérir chez nous. Nos ennemis nous condamnent à dire ces choses devant eux. Mais qu'ils ne l'oublient pas trop, ils ont, eux aussi, connu le malheur, en 1807 et en 49! Et c'est pour eux comme pour d'autres, que Virgile a dit cette grande parole que nous avons bien le droit de leur rappeler en ce moment :

Haud ignara mali, miseris succurrere disco!

Quoi qu'il en soit, voilà donc la haute mission qui va être dévolue à la prochaine Assemblée! Elle aura la France à reconstituer! Elle aura entre les mains, autant du moins que ces grandes choses peuvent être entre les mains des hommes, l'indépendance, l'honneur, le salut du pays, l'avenir de la liberté et de l'autorité, le sort de la société elle-même, la paix de l'Europe et la sécurité du monde, si intéressé toujours aux destinées de la France; car cette funeste guerre n'a pas seulement déchaîné sur nous les horreurs de l'invasion, elle a rouvert encore l'abîme des révolutions.

Cette Assemblée aura encore à trouver des solutions aux grands problèmes qui depuis si longtemps nous travaillent, à discerner et séparer ce qu'il y a de vrai et de légitime d'avec ce qu'il y a de faux et de mauvais dans toutes ces idées si complexes, si fécondes en redoutables malentendus, qui agitent nos temps modernes.

Les deux grandes forces de l'humanité sont l'autorité et la liberté; l'autorité, force conservatrice; la liberté, force conquérante; mais toutes deux forces divines, nécessaires toutes deux à la grandeur d'un pays, et qui devraient, par conséquent, être toujours alliées, jamais en guerre. Elles luttent cependant chez nous l'une contre l'autre. Il y aura à les réconcilier enfin.

Et il y a de plus ces graves et difficiles questions sociales, dont le seul programme a de quoi effrayer les plus forts esprits, mais qui, une fois posées, ne permettent pas qu'on les écarte.

Devant de si hauts intérêts, et de telles questions, ne répondre ni oui, ni non, ne rien dire, ne rien faire! dans une telle crise, en présence de l'étranger qui foule et ravage notre sol et voudrait nous faire déchoir de notre rang dans le monde, en face de la France humiliée au dehors, menacée au dedans, s'isoler, ne pas agir, professer l'inaction, entraver l'énergie des hommes de bien, en vérité, je n'ai là-dessus qu'un mot à dire : ce serait un crime et une folie. Non, ne le croyez pas, nul n'en sera capable.

Ah! si profond que soit son malheur, la France, n'en doutez pas, est encore la France. Immenses peuvent être encore nos ressources, si on sait les employer, et appliquer toutes les forces vives du pays à l'œuvre de reconstruction qui est à faire. Mais combien il importe de ne pas se tromper sur les conditions, ni sur les instruments d'une telle œuvre!

Sans doute, la future Assemblée peut faillir à sa tâche, et, selon les hommes qui la composeront, perdre la France sauver. Mais c'est pour cela précisément qu'il faut tout faire pour y envoyer des hommes qui soient dignes de leur mission, et écarter ceux qui nous conduiraient aux abîmes.

J'entends dire de tous côtés que le grand malheur de l'heure présente, c'est que nous manquons d'hommes, de ces hommes tels que la situation en réclame, autour desquels on se rallie, et on reprend courage. Il n'en faudrait pas beaucoup, peut-être, dans une assemblée, pour tout sauver ; mais il en faudrait. *Exoriare aliquis!* Voilà le cri universel. Mais quoi donc? Est-ce que véritablement la France serait stérile en hommes? Je ne puis le croire. Nous en avons ; mais il faut savoir les trouver. Il y a des régimes qui les écartent, ou qui les étouffent. Que ce soit au moins le bénéfice du suffrage universel, et une compensation à ses périls, de les appeler, ces hommes, de les faire surgir, d'aller les prendre là où ils sont : seulement il faut s'en donner la peine, il faut avoir ses candidats, il faut lutter avec conviction pour leur triomphe ; et voilà pourquoi rien ne serait plus déplorable que l'indifférence ou le sommeil de ces honnêtes gens, timides, indécis, qui couvrent parfois la plus inconcevable inertie sous des prétextes trompeurs, et vraiment absurdes.

Et que les partisans de l'inaction, s'il en restait encore, veuillent bien le remarquer. A qui, en refusant, soit de lutter, soit de voter, laisserait-on le champ libre? Au milieu de tant d'éléments redoutables qui s'agitent à l'heure qu'il est tumultueusement dans le pays, quelle sera cette Assemblée, si nous la laissons se faire sans nous?

Nos adversaires n'abdiqueront pas, croyons-le bien. Ils sauront se remuer et agir. C'est une chose douloureuse, en vérité, et pour moi inexplicable, que cette tiédeur, cette mollesse, cet engourdissement qui trop souvent s'emparent des meilleurs citoyens et paralysent leurs forces. Non, il ne fut jamais rien de plus triste que cet état de division, d'hésitation et de lamentations vaines, où s'endort parfois l'armée du bien, tandis que l'armée du mal est active, alerte, unie, serrée, marchant comme un seul homme.

Elle marchera ainsi aux prochaines élections, comme toujours ; nul doute même qu'elle n'essaye un puissant effort pour effrayer, par un système d'intimidation, dont, je l'espère, les représentants du pouvoir ne se feront pas complices, la timidité ordinaire des gens de bien. Raison de plus pour déjouer toutes ces menées par une attitude vigilante et vigoureuse. Que

ceux qui comptent triompher de nous par la terreur, appren-
nent que nous sommes résolus et ne craignons rien.

Je le sais, on s'aigrit par le malheur, on devient facilement
injuste, on crie vite à la trahison, c'est l'accusation banale et
commode, sous laquelle on cherche à couvrir sa propre inca-
pacité. On rend les plus valeureux capitaines responsables de
l'impossible. L'histoire est pleine de ces injustices et de ces in-
gratitudes. Ah! si, troublés par ces mauvais sentiments, on allait
semer la défiance, écarter de l'urne du scrutin ceux qui étaient
les premiers au péril, faire la guerre aux hommes qui ont si
courageusement fait la guerre pour nous, rien ne serait plus
malheureux ! Ce serait le triomphe le plus sûr de passions dé-
testables. On éloignerait ceux qui, hier encore, étaient le bras
du pays devant l'ennemi et demeurent le rempart de la société.
Les grands peuples et les grands rois, Rome comme Louis XIV,
remerciaient les hommes à qui il n'avait manqué que le succès.
Ils honoraient ceux qui avaient, malgré tout, sauvé l'honneur.
Imitons ces grands exemples ; que les honnêtes gens se lèvent,
qu'ils soient unis, et qu'ils se groupent autour des hommes
d'honneur, qui, debout au milieu de tant de ruines, tiennent
toujours haut et ferme leur drapeau.

On craint que les élections soient à la merci des violents.
Elles le seront, oui, si les bons se retirent et abdiquent ; mais
non, s'ils agissent et s'ils votent. Ne serait-il pas temps enfin, je
le demande, que chez nous les gens de bien aient un peu de ce
qu'on appelle vigueur, énergie et virilité politique ?

Que s'il en est qui pensent, par ce malheureux système d'inaction, réserver l'avenir, comme on l'a dit quelquefois, ah ! leur
dirais-je, l'avenir, à moins d'un miracle de la Providence, il
sera ce que les hommes le feront. *Aide-toi, le ciel t'aidera !* Cet
adage de la vie privée ne s'applique pas moins à la vie politique.
Espérez - vous donc sérieusement vous sauver en vous croi-
sant les bras ? ou en comptant sur je ne sais quelle loterie des
événements ? en plaçant peut-être vos espérances inactives dans
l'attente de calamités imprévues ? Des calamités, hélas ! n'en
avons-nous pas assez déjà? Quand la tempête a ravagé vos campagnes, réservez-vous l'avenir en vous abstenant de labourer ?

Non, non, l'avenir est à ceux qui agissent, et aux causes pour
lesquelles on agit. Les vérités ne se défendent pas toutes seules;
elles résistent, elles vivent, elles triomphent par le grand cœur
de ceux qui les aiment et qui les défendent.

Qu'ils s'abstiennent, ceux qui n'auraient ni convictions, ni croyances, ni une pensée dans l'âme, ni un principe dans le cœur.

Mais, si vous croyez à quelque chose, à la patrie, à la famille, au foyer paternel, à la religion, à l'indépendance, à l'autorité, à la liberté, à l'honneur, qui que vous soyez, agissez en hommes, en Français, en citoyens.

Mais, direz-vous peut-être, que voulez-vous que nous fassions? que puis-je, moi, simple individu, par mon vote solitaire ?

Beaucoup; tout quelquefois. Car il s'agit ici d'une question de majorité, et même, aux prochaines élections, de majorité relative, et il peut suffire de quelques voix, même d'une seule, pour faire une majorité.

En 1848, quelle fut la majorité qui envoya à la Constituante les plus illustres défenseurs de la Société et de l'Eglise? M. de Falloux, une majorité de quatre voix ; une majorité de six voix, M. de Montalembert. Six voix, quatre voix de moins, et ni M. de Montalembert, ni M. de Falloux ne seraient entrés dans nos Assemblées. Aux dernières élections, M. Thiers lui-même, qui a tant fait pour préserver la France, ne fut élu, grâce à la tiédeur d'une partie des honnêtes gens, qu'à un second tour de scrutin. Quelques centaines de voix de plus, qu'un effort plus énergique eût obtenues, auraient fait arriver M. Cochin.

Au contraire, les plus grands démagogues de la Convention et de la Commune de Paris, les Pétion, les Danton, les Chaumette, les Hébert, ces hommes qui ont souillé et ensanglanté la France, à qui durent-ils leur élection et leur fatale influence ? A de très-faibles minorités. Mais ces minorités, grâce à l'inaction des honnêtes gens, devinrent des majorités.

Sur 80,000 électeurs inscrits, Pétion fut nommé Maire de Paris par 6,600 seulement; sur le même nombre d'électeurs inscrits, Danton fut nommé substitut du procureur-syndic de la Commune par 1,662 voix! Hébert et Chaumette furent élus à la Commune dans leurs sections, l'un par 56 voix et l'autre par 53. Et la Convention elle-même ne fut nommée que par 1,500,000 votants. Voilà ce que fit alors la défaillance, et, je dirai le vrai mot, la défection des honnêtes gens terrifiés.

Et c'est ce qui fait toucher du doigt la fausseté et l'inconséquence d'une telle conduite. Car enfin il est bien évident que les abstentions déplacent les majorités, et par conséquent contribuent aux élections, non moins que les votes. Une voix de moins à nos candidats, c'est une voix de plus à nos adversaires. De telle sorte que même en s'abstenant, on agit, mais en sens inverse de ce qu'on voudrait faire; on influe sur le résultat définitif, mais contrairement à ses intérêts, à ses principes, à sa conscience; on contribue positivement au triomphe de ceux-là mêmes qu'on repoussait. Qu'aux prochains comices, les honnêtes gens n'agissent pas avec vigueur, et les élections seront inévitablement à la merci des méchants, c'est-à-dire du petit nombre, lequel s'emparera alors des destinées du pays. Les élus en réalité ne représenteront pas la France; mais ils n'en seront pas moins les maîtres.

Ils n'en dicteront pas moins leurs volontés à ceux qui se seront abstenus de les nommer, comme à tous les autres.

Où en eussions-nous été, en 1848 et 1849. si ce beau système eût prévalu! Mais en 1848 et en 1849, on sentit la nécessité de la lutte; on se remua, on vota, et c'est pour cela qu'on eut ces deux grandes Assemblées, où se voyaient les plus illustres citoyens, les vraies lumières, la vraie force du pays, qui ont vaincu la démagogie et sauvé la France.

Il y a, il est vrai, une chose très-fâcheuse, le vote au canton.

Le vote au canton, et non pas à la commune, ce vote précipité, placé au milieu de la semaine, semble en effet inventé tout exprès pour écarter du scrutin les honnêtes populations des campagnes. Mais en 48 et en 49, on avait aussi le vote au canton. Et qu'a-t-on fait? On a compris la nécessité du vote des campagnes, on s'est donné la peine de le faire comprendre aux populations, et on y est parvenu.

Est-il donc si difficile, en effet, de faire entendre aux électeurs ruraux qu'il y va de leurs intérêts les plus chers; que, certes, il s'agit d'eux aussi quand il s'agit de la France; et qu'une assemblée qui jetterait le pays dans des voies funestes, amènerait inévitablement des perturbations qui retentiront jusqu'au sein des moindres villages et des plus humbles foyers? Quelle est la famille, quelle est la fortune, quel est l'individu, qui n'a pas eu à souffrir de la guerre et de l'invasion? Qui serait assez insensé pour se flatter de sauvegarder ses intérêts privés au milieu d'une ruine générale? Qui ne sent que l'anarchie, après la guerre étrangère, serait pour tous le comble des désastres? Certes, personne ne peut dire : Cela ne me regarde pas! et pour le sentir, il n'est pas nécessaire de croire en Dieu, ni en l'autre vie; il suffit de croire à celle-ci, à son champ, à sa vigne, à son foyer, à sa femme, à ses enfants, à son pain quotidien, à son pot au feu!

Voilà la réalité des choses et voilà pourquoi il faut que tous les honnêtes gens votent, et usent de toute leur influence pour faire voter autour d'eux, pour décider les hésitants et les timides, dans les campagnes comme ailleurs, à se rendre au scrutin. Le temps donné est court, trop court ! Oui, sans doute, et nous avons le droit de déplorer hautement cette faute. Mais raison de plus pour se hâter, et s'il y a ici un calcul, pour le déjouer. Il faut aller les trouver, ces braves gens des campagnes, ceux surtout dont les champs ont été ravagés, les maisons pillées, incendiées; il faut leur parler, les aider, les encourager, les éclairer sur les hommes et les choses : tel est le grand service que la France demande en ce moment à quiconque a l'intelligence de la situation extrême où nous sommes.

Et ce que je dis là, mon cher Ami, je le dis à tous, sans acception de partis, s'il était vrai qu'il restât encore en France un parti qui ne fût pas la France elle-même.

Mais, vous me permettrez de l'ajouter, je le dis particulièrement aux hommes religieux. Oui, je l'avoue, je me sentirais profondément humilié et indigné, si je voyais les hommes religieux mettre en oubli qu'ils ont une patrie, et qu'ils doivent l'aimer du fond de leurs entrailles, d'un amour prêt à tous les sacrifices, et c'est surtout quand elle est en péril qu'ils doivent se dévouer pour elle. Et depuis quand la religion a-t-elle étouffé le patriotisme ? Comment des chrétiens, des prêtres français, verraient-ils d'un œil indifférent les calamités de la France ? Je voudrais, au contraire, qu'il demeurât bien démontré, une fois de plus, par ce vivant exemple, que la France n'a pas de meilleurs serviteurs que nous, de plus dévoués, de plus fidèles, en ses bons comme en ses mauvais jours.

Et d'ailleurs, la religion n'est-elle pas intéressée ici autant que la patrie ? Et les hommes que vous enverrez ou que vous laisserez arriver à l'Assemblée Constituante, n'auront-ils pas à résoudre des questions d'où dépend l'avenir de la religion en France, non moins que le salut de la société ?

Resterait une dernière question : pour qui voter ? Mais je me hâte de répondre : c'est ici pour chaque électeur une question de conscience et de confiance. Aucune autre influence ne doit ici guider que celle de son propre et libre jugement. Autant j'ai parlé nettement, péremptoirement, sur la nécessité du vote, et de la lutte électorale, parce que les intérêts supérieurs de la religion et du patriotisme y sont engagés, autant je refuse de m'expliquer sur la question de personnes, parce qu'elle ne relève que de la conscience de chacun.

Et c'est pourquoi je m'étonnerais de toutes listes imposées par la violence d'un parti quelconque, et de la résurrection des candidatures officielles. A la place des chambellans et des écuyers, mettre ses partisans, ses créatures, ou dominer les élections par la tyrannie des clubs, et appeler cela le gouvernement du pays par le pays, la représentation nationale! en vérité, ce serait bien la peine d'avoir crié si fort contre le système, pour recommencer de plus belle.

Donc pas de violences, ni d'intrigues, ni de coteries. Mais surtout, ah! surtout, j'en conjure les hommes d'ordre de mon pays, pas de division! parmi eux pas de listes se combattant l'une l'autre! Ne regardons que la France. Qui que nous soyons, à l'heure présente, il est évident que nous ne devons plus avoir dans le cœur qu'un seul sentiment, sur les lèvres un seul cri : il faut sauver la France! Nommez donc des hommes capables de la sauver; des hommes d'un grand esprit, d'un grand cœur, d'un grand caractère; du moins des hommes d'une invincible honnêteté; courageux, intrépides, désintéressés; comme le fit naguère M. Thiers, sachant et osant dire la vérité, ne reculant pas, au besoin, devant une impopularité glorieuse.

Et de tels hommes, je ne crains pas de le dire, prenez-les partout où ils sont, même parmi vos adversaires; car c'est l'heure plus que jamais, je ne saurais trop le redire, d'oublier les dissentiments, de chercher non ce qui sépare, mais ce qui rapproche.

Essayez de constituer un grand parti vraiment national, qui soit le parti de l'ordre, de la vraie liberté, du vrai progrès. Vous tous qui vous sentez capables et qui êtes dignes de former ce grand parti, ou, pour mieux dire, ce faisceau de tous les éléments honnêtes, de toutes les forces vives du pays, voyez-vous les uns les autres, expliquez-vous ensemble, sincèrement, loyalement, comme des gens qui en définitive ne cherchent qu'une chose, le bien du pays. Ma vie déjà longue et jetée au milieu de bien des affaires, m'a appris qu'il est toujours bon de traiter avec ses semblables; que se voir, s'expliquer, s'entendre, est toujours utile; que les hommes, vus de près, sont bien souvent meilleurs qu'on ne les croyait à distance.

Oh! qu'il serait nécessaire que tous les bons citoyens comprissent enfin ces choses, et que, s'élevant au-dessus des questions secondaires et des mesquines ambitions, ils s'unissent dans un grand et large sentiment de patriotisme, pour arracher notre patrie aux abîmes où elle peut sombrer, lui donner enfin

www.ingramcontent.com/pod-product-compliance
Lightning Source LLC
Chambersburg PA
CBHW060736280326
41933CB00013B/2655

un gouvernement incontesté, la constituer dans l'ordre, par le respect des principes et de tous les droits; et afin qu'elle ne soit pas l'éternel jouet des révolutions, concilier l'autorité et la liberté, ces deux grandes puissances, harmoniser les conditions éternelles de la société avec les aspirations légitimes et les besoins des générations nouvelles, et remettre enfin notre pays dans des voies où il puisse retrouver son antique grandeur.

Le moment est suprême, car pour la France en ce moment, devant l'Europe et devant le monde, il s'agit d'être ou de n'être plus la France.

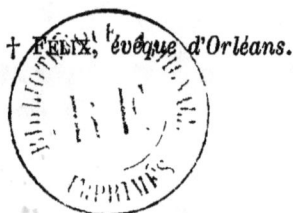

† FÉLIX, évêque d'Orléans.

Orléans, le 1er février 1871.

PARIS. — IMP. VICTOR GOUPY, RUE GARANCIÈRE, 5.